BEVRIJD V.

Eerder verschenen van Tim Keller

In alle redelijkheid
Christelijk geloof voor welwillende sceptici
10e druk

De vrijgevige God
Recht naar het hart van het christelijk geloof
6e druk

Namaakgoden
De lege beloften van geld, seks en macht
en de enige werkelijke hoop
2e druk

Ruim baan voor gerechtigheid
Rechtvaardig worden door Gods genade
2e druk

Kruistocht
Het leven van koning Jezus

Het huwelijk
Gods wijsheid over gevende liefde

Tim Keller

BEVRIJD VAN JE ZELF

De weg naar echte christelijke blijdschap

Uitgeverij Van Wijnen - Franeker

Oorspronkelijke titel *The Freedom Of Self-Forgetfulness – The Path to True Christian Joy*
Oorspronkelijke uitgever 10Publishing, a division of 10ofThose Limited, Engeland

De Bijbelteksten zijn met toestemming van het Nederlands Bijbelgenootschap overgenomen uit de Nieuwe Bijbelvertaling (NBV).

Vertaling René Barkema
Omslagontwerp Garage/BNO
ISBN 9789051944532
NUR 707

Bevrijd van je zelf

Wat zijn de kenmerken van een hart dat radicaal veranderd is door de genade van God? Als we op Christus vertrouwen, hoe ziet ons hart er dan uit? Dat is niet alleen een zaak van goed en deugdzaam gedrag. Het is heel goed mogelijk om allerlei deugdzame dingen te doen met een hart dat vol is van angst, trots of machtswellust. We hebben het over een hart dat veranderd is, tot in de diepste uithoeken, door de genade van God – en hoe dat eruitziet in het leven van alledag.

We zullen ons concentreren op een gedeelte uit Paulus' eerste brief aan de Korintiërs – 1 Korintiërs 3:21-4:7.

Niemand van u moet zich daarom laten voorstaan op een ander mens, want álles is van u; of het nu Paulus, Apollos of Kefas is, wereld, leven of dood, heden of toekomst – álles is van u. Maar u bent van Christus en Christus is van God. Men moet ons beschouwen als dienaren van Christus, aan wie het beheer over de geheimen van God is toevertrouwd. Van iemand die deze taak vervult, wordt verlangd dat hij betrouwbaar is. Maar hoe u of een menselijke instelling

over mij oordeelt interesseert me niet, en hoe ik over mezelf oordeel telt evenmin. Ik ben me weliswaar van geen kwaad bewust, maar dat betekent niet dat mij niets ten laste kan worden gelegd. Het is de Heer die over mij oordeelt. Houd dus op te oordelen en wacht de tijd af dat de Heer komt, omdat hij het is die aan het licht zal brengen wat in het duister verborgen is en zal onthullen wat de mensen heimelijk beweegt. En dan zal God het zijn die ieder de lof geeft die hem toekomt. Broeders en zusters, ik heb hiervoor over Apollos en mijzelf gesproken. Dat heb ik gedaan omwille van u. U moet namelijk uit ons voorbeeld deze regel leren: houd u aan wat geschreven staat. U mag uzelf niet belangrijk maken door de een te verheerlijken boven de ander. Wie denkt u dat u bent? Bezit u ook maar iets dat u niet geschonken is? Alles is u geschonken, dus waarom schept u dan op alsof u het zelf verworven hebt?
(1 Kor. 3:21-4:7)

In de kerk van Korinte was er veel verdeeldheid. Ze was ooit gesticht door Paulus. Maar uit de verwijzingen naar Apollos en Kefas kunnen we opmaken dat er later andere evangelisten in Korinte waren geweest. Als gevolg daarvan hadden verschillende mensen connecties met verschillende vooraanstaande voorgangers. Dus de een was begeleid en tot volgeling gemaakt door Paulus, de ander was begeleid en als oudste aangewezen door Apollos (een andere grote leraar), enzovoort. Je zou verwachten dat iedereen blij was dat ze een band met Paulus of Apollos hadden, maar in plaats daarvan gebruikten ze deze relaties voor een machtsspel. Er zijn partijen ontstaan en de kerk wordt verscheurd door tegenstellingen. De een zegt dat hij de leider moet zijn, omdat hij tot volgeling is gemaakt door Paulus, de *heilige* Paulus. En de ander maakt er aanspraak op vanwege zijn bijzondere band met een andere vooraanstaande voorganger. En zo verder.

In dit gedeelte laat Paulus zien dat de diepste oorzaak van verdeeldheid *verheerlijking* en *opschepperij* is. Dat is de reden waarom we niet met elkaar overweg kunnen, de reden waarom er geen vrede in de wereld is en de reden waarom we niet in vrede met elkaar kunnen leven. Kijk maar. Vers 21 begint met: 'Niemand moet zich laten voorstaan op een ander mens'; in hoofdstuk 4:7 staat: 'Waarom schept u op?'; en let vooral op vers 6 waar nadrukkelijk gezegd wordt: 'U mag uzelf niet belangrijk maken door de een te verheerlijken boven de ander.'

'Geen verheerlijking, geen opschepperij', zegt Paulus. Daarmee zijn we dus op het spoor van een belangrijke eigenschap: nederigheid. En dat betekent dat we te maken krijgen met gevoel van eigenwaarde, een zeer interessant onderwerp. Tot aan de twintigste eeuw geloofden mensen in traditionele culturen (en dat geldt nog steeds voor de meeste culturen in de wereld) altijd dat een te *hoge* dunk van jezelf de diepste oorzaak van al het kwaad in de wereld was. Waardoor is er zoveel misdaad en geweld in de wereld? Waardoor worden mensen misbruikt? Waardoor zijn mensen zo wreed? Waardoor doen mensen zoveel slechte dingen? Het traditionele antwoord was *hybris* – het Griekse woord voor trots of een te hoge dunk van jezelf. Dat is de traditionele reden voor het wangedrag van mensen.

Maar in onze moderne Westerse cultuur hebben wij een totaal tegenovergestelde culturele consensus bereikt. De basis van het hedendaagse onderwijs, de wijze waarop we mensen in hechtenis behandelen, het fundament van veel moderne wetgeving en het startpunt voor moderne hulpverlening is precies het tegenovergestelde van de traditionele consensus. Vandaag de dag geloven we – en alles is daarvan doortrokken – dat mensen zich misdragen door *gebrek* aan eigenwaarde en omdat ze een te *lage* dunk van zichzelf hebben. De reden bijvoorbeeld dat mannen hun vrouw slaan en de reden dat mensen misdadigers zijn, is dat ze een te *lage* dunk van zichzelf hebben. Vroeger dachten mensen dat het kwam doordat ze een te hoge dunk van zichzelf en te veel eigenwaarde hadden. Nu zeggen we dat het komt doordat we te weinig eigenwaarde hebben.

Een aantal jaren geleden stond er een artikel in *New York Times Magazine* van Lauren Slater, een psycholoog. Het was geen baanbrekend stuk en het kwam ook niet als een donderslag bij heldere hemel. Ze gaf alleen maar weer wat deskundigen al jaren weten. Maar ze maakt een belangrijk punt: er is geen bewijs dat een gering gevoel van eigenwaarde een groot probleem is in de samenleving. Ze citeert drie recente onderzoeken over eigenwaarde en stelt vervolgens: 'Mensen met een groot gevoel van eigenwaarde vormen een grotere bedreiging voor hun omgeving dan mensen met een gering gevoel van eigenwaarde, en een slecht gevoel over jezelf is niet de bron van de grootste en meest geldverslindende sociale problemen in ons land.'[1]

Het zou grappig zijn om uit te leggen hoe dat werkt en waarom het zo werkt en zo verder. Maar voor nu is het genoeg te zeggen dat ze groot gelijk heeft met haar uitspraak dat het jaren zal kosten voordat we dit zullen accepteren. Het zit heel diep in onze psyche dat *gebrek* aan eigenwaarde de reden is voor drugsverslaving, de reden is voor misdaad, mishandeling van vrouwen, enzovoort. Slater zegt dat het een eeuwigheid gaat kosten om deze opvatting te veranderen.

Die theorie over 'wangedrag vanwege gebrek aan eigenwaarde' is nu eenmaal zeer aantrekkelijk. Je hoeft geen enkel moreel oordeel te vellen om de problemen in de samenleving te kunnen aanpakken. Je hoeft mensen alleen maar steun te geven en op te bouwen. In traditionele culturen pakte je deze problemen aan door mensen in de kraag te vatten en voor de rechter te brengen en op hun slechte gedrag te wijzen!

Het intrigerende van bovenstaand gedeelte uit 1 Korintiërs is dat er een benadering van ons zelfbeeld wordt gegeven, een benadering van ons eigen ik en van de manier waarop we naar onszelf kijken, die absoluut anders is dan zowel de traditionele als de (post) moderne benaderingen. Totaal anders.

De drie dingen die Paulus ons hier laat zien zijn:

1. **De natuurlijke toestand van het menselijk ego.**
2. **Een vernieuwd gevoel van eigenwaarde** *(dat Paulus ontdekt heeft en dat door het evangelie bewerkt wordt).*
3. **Hoe dat vernieuwde gevoel van eigenwaarde te verkrijgen is.**

1

De natuurlijke toestand van het menselijk ego

In vers 6 spoort Paulus de Korintiërs aan om de een niet te verheerlijken boven de ander. Niets nieuws, zou je denken. Uiteraard is trots ongepast. Maar we moeten ons wel realiseren dat het woord dat Paulus hier gebruikt, niet het gebruikelijke woord *hybris* is, maar *physioō*. Dat is een ongebruikelijk woord. Paulus gebruikt het hier en op vijf andere plaatsen in dit boek en nog een keer in Kolossenzen 2. Verder kom je het niet tegen in de Bijbel, het wordt alleen door Paulus gebruikt. Veel commentatoren realiseren zich dan ook dat het een bijzonder thema van Paulus is.

Door dit specifieke woord te gebruiken, probeert Paulus deze Korintiërs iets te leren over het menselijk ego. Het woord dat hier gebruikt wordt voor trots, betekent letterlijk te ver opgeblazen, opgezwollen, te ver uitgezet zijn. Het is verwant met het woord voor 'blaasbalg'. Het is heel sprekend. Dit woord roept een behoorlijk pijnlijk beeld op van een orgaan in het menselijk lichaam, een orgaan dat opgezet is doordat er te veel lucht in gepompt is. Zo veel lucht, dat het te ver opgeblazen is en op het punt van barsten staat. Het is opgezwollen, ontstoken en verder opgerekt dan het aankan. En dat, zegt Paulus, is van nature de toestand van het menselijk ego.

Omdat het zo'n sprekende en interessante vergelijking is, denk ik dat het de bedoeling is dat we langer stilstaan bij het beeld en nagaan wat Paulus ermee zeggen wil. Misschien kan ik het zo omschrijven: ik denk dat het beeld vier dingen oproept over de natuurlijke toestand van het menselijk ego: dat het leeg, pijnlijk, druk en kwetsbaar is.

In de eerste plaats *leeg*. Het beeld wijst ons op het feit dat het centrum van het menselijk ego te maken heeft met leegte. Een ego dat opgeblazen is en te ver opgepompt, is gevuld met lucht. Het is leeg.

In zijn boek *De ziekte tot de dood* zegt Søren Kierkegaard dat het menselijk hart zijn identiteit normaal gesproken bouwt op iets buiten God.[2] Geestelijke trots is de illusie dat wij in staat zijn om ons eigen leven te leiden, ons gevoel van eigenwaarde te bepalen en een doel te vinden dat groot genoeg is om ons leven zin te geven zonder God. Søren Kierkegaard zegt dat het menselijk ego normaal gesproken gebouwd is op iets buiten God. Het is op zoek naar iets waardoor het een gevoel van eigenwaarde krijgt, een gevoel dat het bijzonder is, dat het een doel heeft, en daarin vindt het een fundament. En we hebben al heel vaak gehoord, dat wat je in het middelpunt zet op de plek die oorspronkelijk voor God was bedoeld, vanzelfsprekend te klein is. Het rammelt maar wat in het rond. Dus het eerste wat we over het menselijk ego kunnen zeggen, is dat het leeg is.

En in de tweede plaats is het ook *pijnlijk*. Een ego dat opgerekt is en te ver opgeblazen, is pijnlijk.

Heb je er weleens bij stilgestaan dat je niets van je lichaam merkt, totdat er iets mee aan de hand is? Als we rondlopen, denken we er meestal niet bij na dat onze tenen geweldig voelen. Of hoe briljant onze ellebogen vandaag werken. Op die manier denken we alleen als er iets mee aan de hand is geweest. Dat komt doordat onze lichaamsdelen alleen de aandacht trekken als er iets mee aan de hand is.

Het ego doet vaak pijn. Dat komt doordat er iets ernstigs mee aan de hand is. Iets ongelooflijk mis mee is. Het trekt *voortdurend* de aandacht – dag in dag uit. Het zorgt er voortdurend voor dat we nadenken over ons uiterlijk en de manier waarop we behandeld worden. Mensen zeggen soms dat hun gevoelens gekwetst zijn. Maar onze *gevoelens* kunnen niet zeer doen! Het is het *ego* dat pijn doet – mijn gevoel van eigenwaarde, mijn identiteit. Met onze gevoelens gaat het prima! Mijn ego doet zeer.

Als ik rondloop, doen mijn tenen geen pijn, behalve als er iets mee aan de hand is. Mijn ego doet geen pijn, tenzij er iets ernstigs mee aan de hand is. Sta daar eens bij stil. Het is heel moeilijk om een hele dag te leven zonder het gevoel dat je afgewezen of miskend wordt, dat je je dom of teleurgesteld over jezelf voelt. Dat komt doordat er iets aan de hand is met mijn identiteit. Er is iets aan de hand met mijn gevoel van eigenwaarde. Het is niet gelukkig. Het trekt voortdurend de aandacht.

Dus in de allereerste plaats is het leeg. Ten tweede is het pijnlijk, doordat het lijkt op een opgeblazen maag die uitgerekt is. En ten derde is het ego ongelooflijk *druk* – met andere woorden: het trekt voortdurend de aandacht. Het is ongelooflijk druk bezig de leegte op te vullen. En het is ongelooflijk druk met twee dingen in het bijzonder – vergelijken en opscheppen. Je kunt ze allebei vinden in dit gedeelte. Let er in de allereerste plaats op dat er in vers 6 geen punt volgt na het woord verheerlijken. Paulus zegt niet: 'U mag uzelf niet belangrijk maken door iemand te verheerlijken.' Nee, hij zegt: 'U mag uzelf niet belangrijk maken door de een te verheerlijken boven de ander.' Dat is nu precies wat het betekent om een menselijk ego te hebben. De manier waarop het menselijk ego normaal gesproken probeert om de leegte op te vullen en het gevoel van onbehagen

Maar de volgende dag moet ik weer verder en moet ik het weer ergens anders zoeken. Waarom? Omdat mijn ego onverzadigbaar is. Het is een zwart gat. Het maakt niet uit hoeveel ik in die kast stop, hij blijft leeg. Iedere morgen opnieuw stop ik er allerlei dingen in, geef ik mijn ego te eten, en de avond daarop is het toch weer leeg. Ik ben iemand – maar nog steeds moet ik iemand worden.' Het is verleidelijk om te denken dat ze neurotisch is. Maar ze kent zichzelf. Ze is verder dan de meesten van ons.

Dit is de normale toestand van het menselijk ik. Daarover spreekt Paulus tegen de Korintiërs. Al die mensen die om hem vechten en zeggen dat ze een bijzondere band met hem hebben, laten zien hoe enorm trots ze zijn. Ze zijn niet in staat om te genieten van het feit dat ze Paulus kennen. Ze moeten hun band met hem zo nodig gebruiken om elkaar de loef af te steken in de kerk.

Paulus wil hun leren dat het evangelie verschil maakt en hoe het evangelie de dingen in zijn leven veranderd heeft. Kijk maar naar vers 3 en 4. Hij laat hun zien hoe het evangelie zijn gevoel van eigenwaarde, zijn waardering voor zichzelf en zijn identiteit veranderd heeft. Zijn ego werkt nu op een compleet andere manier.

2
Een vernieuwd gevoel van eigenwaarde

Kijk eens wat hij zegt. In vers 1 en 2 herinnert hij hen eraan dat hij een dienaar is en wat zijn taak is. Maar vervolgens vertelt hij hun dat als het gaat om die rol het hem heel weinig uitmaakt hoe er door hen of door een menselijke instelling over hem geoordeeld wordt (1 Kor. 4:3-4). Het woord dat hier vertaald wordt met 'oordelen' heeft dezelfde betekenis als het woord 'uitspraak doen'. Het is datgene waar Madonna naar hunkert – die zo moeilijk te verkrijgen uitspraak, dat bewijs van goedkeuring. Paulus richt zich niet op de Korintiërs – of op wat voor menselijke instelling ook – voor de uitspraak dat hij echt iemand is.

Paulus zegt tegen de Korintiërs dat het hem niet uitmaakt hoe ze over hem denken. Hij zegt dat het hem niet uitmaakt wat *wie dan ook* over hem denkt. Zijn identiteit is eigenlijk niet afhankelijk van wat mensen zeggen. Het is alsof hij zegt: 'Het maakt me niet uit wat jullie denken. Het maakt me niet uit wat wie dan ook denkt.' Paulus' eigenwaarde, zijn waardering voor zichzelf, zijn identiteit is op geen enkele manier verbonden met hun uitspraak en hun opvatting over hem.

Paulus' identiteit mag dan niet verbonden zijn met de mening die anderen over hem hebben – maar hoe komen *wij* zo ver dat we niet beheerst worden door wat anderen over ons denken? Hoe denk je dat ons dat gaat lukken? De meeste mensen zullen zeggen dat dat nogal voor de hand ligt. Vrijwel iedere hulpverlener die ik ken, zal zeggen dat het niet moet uitmaken wat andere mensen over ons denken. Ze zeggen dan dat we niet moeten kijken naar de mening van anderen. Het zijn niet *hun* maatstaven die ertoe doen. Het moet niet uitmaken hoe zij over ons denken. Het enige wat mij moet bezighouden is hoe ik over mezelf denk. Het gaat niet om de maatstaven van anderen. Ik moet alleen letten op mijn eigen maatstaven. Ik moet mijn eigen maatstaven kiezen. Dus het advies van hulpverleners luidt: 'Stel vast wie je wilt zijn en ga daarmee aan de slag,' want het gaat er alleen om hoe je over jezelf denkt.

Als iemand kampt met een gering gevoel van eigenwaarde, lijkt het alsof wij in onze moderne wereld maar één manier hebben om daarmee om te gaan. We bestrijden het met een groot gevoel van eigenwaarde. We zeggen tegen zulke mensen dat ze moeten inzien dat ze een geweldig iemand zijn, dat ze moeten beseffen hoe prachtig ze zijn. We vertellen ze dat ze eens moeten kijken naar de geweldige dingen die ze allemaal bereikt hebben. We zeggen ze dat ze eens moeten ophouden om zich druk te maken over de dingen die anderen zeggen. We zeggen dat ze hun eigen maatstaven moeten aanleggen en dat ze die moeten hanteren – en zo hun *eigen* beeld van zichzelf moeten vormen.

Paulus' benadering is compleet het tegenovergestelde. Het maakt hem heel weinig uit hoe er door de Korintiërs of door een andere menselijke instelling over hem geoordeeld wordt. En dan gaat hij nog een stap verder: hij oordeelt zelf niet eens over zichzelf. Het is alsof hij zegt: 'Het maakt me niet uit wat jullie denken – maar het maakt me ook niet uit wat *ik* denk. Ik heb maar een lage dunk van jullie mening over mij – maar ik heb net zo goed een lage dunk van *mijn eigen* mening over mij.' Het feit dat hij een zuiver geweten heeft, maakt geen verschil. Kijk goed naar wat hij in vers 4 zegt: 'Ik ben me weliswaar van geen kwaad bewust, maar dat betekent niet dat mij niets ten laste kan worden gelegd.' Zijn geweten mag dan zuiver zijn – maar hij weet dat zelfs als hij een zuiver geweten heeft, dat nog niet betekent dat hij onschuldig is. Hitler had misschien ook wel een zuiver geweten, maar dat betekent niet dat hij onschuldig was.

Wat zou Paulus zeggen tegen mensen die hem oproepen om aan zijn eigen maatstaven te voldoen? Hij zou zeggen dat het een val is. Een val waar hij niet intrapt.

Zie je dat het een val is om te zeggen dat we ons niet druk moeten maken over de maatstaven van anderen, maar gewoon onze eigen maatstaven moeten bepalen? Dat helpt niet. Ons gevoel van eigenwaarde opvijzelen door te voldoen aan onze eigen verwachtingen of die van een ander, lijkt een geweldige oplossing. Maar het levert niets op. Het kan niets opleveren. Ik kan niet voldoen aan de verwachtingen van mijn ouders – en dat geeft me een vreselijk gevoel. Ik kan niet voldoen aan de verwachtingen van de samenleving – en dat geeft me een vreselijk gevoel. Ik kan niet voldoen aan de verwachtingen van andere samenlevingen – en dat geeft me een vreselijk gevoel. Misschien is de oplossing dan dat ik mijn eigen maatstaven stel? Maar ook daaraan kan ik niet voldoen – en dat geeft me een vreselijk gevoel, tenzij het ongelooflijk *lage* verwachtingen zijn. Zijn lage verwachtingen dan de oplossing? Helemaal niet. Ook dat geeft me een vreselijk gevoel, omdat ik me realiseer dat ik zo'n figuur met lage verwachtingen ben. Wij lopen in de val als we proberen ons gevoel van eigenwaarde op te vijzelen door te voldoen aan onze eigen verwachtingen of die van een ander. Het is geen antwoord.

Dus Paulus richt zich niet op de Korintiërs als het gaat om zijn identiteit. Hij wendt zich niet tot hen voor de uitspraak dat hij echt 'iemand' is. Hij ontleent zijn identiteit niet aan hen. Maar hij ontleent die ook niet aan zichzelf. Hij weet dat je in een val trapt, wanneer je een gevoel van eigenwaarde probeert te verkrijgen door te voldoen aan bepaalde verwachtingen. Nu beginnen we te ontdekken waar Paulus zijn gevoel van eigenwaarde, zijn identiteit aan ontleent. Wees gewaarschuwd! Op dit punt volgt hij een heel andere stijl dan wij gewend zijn. Hij begeeft zich op een terrein dat voor ons geheel onbekend is.

Paulus was een man met een ongelooflijke status. Ik denk dat het moeilijk valt te ontkennen dat hij tot de zes of zeven meest invloedrijke leiders van de mensheid behoort. Een van de meest invloedrijke mensen in de geschiedenis. Hij was een man van groot gewicht, enorme invloed en ongelooflijke vrijmoedigheid. Hij ging recht op zijn doel af en liet zich door niets tegenhouden. En toch zegt hij in 1 Timoteüs dat 'Christus Jezus in de wereld gekomen is om zondaars zalig te maken, van wie ik de voornaamste ben' (1 Tim. 1:15, HSV 2010). Niet ik *was* de voornaamste, maar ik *ben* de voornaamste. Of 'ik ben de ergste'. Dat staat niet op onze kaart. Wij zijn niet gewend aan iemand die vrijwillig en met grote vrijmoedigheid vertelt dat hij een van de ergste mensen is die er zijn. Wij zijn niet gewend aan iemand die volkomen eerlijk is en zich volkomen bewust is van alle mogelijke morele gebreken

– en die toch over ongelooflijk veel evenwichtigheid en vrijmoedigheid beschikt.

Wij kunnen dat niet. Weet je waarom niet? Omdat wij onszelf beoordelen. Paulus doet dat niet. Hij zegt dat hij niet over zich laat oordelen door de Korintiërs en dat hij ook niet oordeelt over zichzelf, waarmee hij zegt dat hij op de hoogte is van zijn zonden, maar die niet verbindt met zichzelf en zijn identiteit. Zijn zonden en zijn identiteit zijn niet met elkaar verbonden. Hij weigert dat spelletje mee te spelen. Hij laat zijn identiteit niet aantasten door de zonde die hij ziet. Hij legt geen verbinding. Evenmin slaat hij zichzelf op de borst voor de prestaties die hij ziet. Hij ziet alle mogelijke zonden bij zichzelf – en ook alle mogelijke prestaties – maar hij weigert die te verbinden met zichzelf of zijn identiteit. Dus ook al weet hij van zichzelf dat hij de voornaamste van alle zondaren is, toch weerhoudt dat hem er niet van de dingen te doen waartoe hij geroepen is.

Wij zijn compleet het tegenovergestelde van Paulus. Als ik mezelf als een slecht iemand zie, heb ik geen enkele vrijmoedigheid meer. Als ik mezelf als zondaar zie, als iemand vol trots, iemand vol lust en boosheid en hebzucht en alle dingen waarvan Paulus zegt dat hij er vol van is, heb ik geen vrijmoedigheid meer. Dat komt doordat wij oordelen over onszelf. Wij stellen onze maatstaven en vervolgens veroordelen wij onszelf. Op die manier stellen we ons ego nooit gerust. Nooit!

Maar Paulus zegt iets verbluffends. 'Het maakt me niet uit wat jullie denken en het maakt me niet uit wat ik denk.' Hij brengt ons naar terrein dat voor ons geheel onbekend is. Zijn ego is niet opgeblazen, het is opgevuld. Hij heeft het over nederigheid – ook al heb ik een hekel aan het woord 'nederigheid', omdat deze nederigheid totaal niet lijkt op onze opvatting van nederigheid. Paulus zegt dat hij een punt bereikt heeft waarop zijn ego niet meer aandacht trekt dan de rest van zijn lichaam. Hij heeft een punt bereikt waarop hij niet meer aan zichzelf denkt. Als hij iets slechts of iets goeds doet, verbindt hij dat niet meer met zichzelf.

C.S. Lewis doet in *Onversneden christendom* een briljante waarneming als het gaat om nederigheid vanuit het evangelie, helemaal aan het eind van het hoofdstuk over trots. Als wij een echt nederig mens zouden tegenkomen, zegt Lewis, zouden we achteraf nooit blijven denken dat diegene zo nederig was. Zo iemand zou niet voortdurend tegen ons zeggen dat hij niets voorstelde (want iemand die maar blijft zeggen dat hij niets voorstelt, is in feite vol van zichzelf). Wat we ons wel zouden herinneren als we een Bijbels-nederig iemand zouden ontmoeten, is hoe buitengewoon geïnteresseerd diegene in ons was. Want het wezen van Bijbelse nederigheid is niet hoger of lager van mezelf denken, maar minder aan mezelf denken.

Bijbelse nederigheid is: niet aan mezelf hoeven te denken. Geen dingen met mezelf hoeven te verbinden. Het betekent het einde van gedachten als: Ik ben in deze ruimte met deze mensen, maak ik daardoor een goeie indruk? Wil ik hier zijn? Echte Bijbelse nederigheid betekent dat ik ophoud om iedere ervaring, elk gesprek met mezelf te verbinden. In feite houd ik op met nadenken over mezelf. Het is de vrijheid om niet meer aan jezelf te denken. Die heerlijke rust die we krijgen wanneer we dat niet meer hoeven te doen.

Echte Bijbelse nederigheid heeft te maken met een ego dat niet opgeblazen, maar opgevuld is. Dat is totaal uniek. Hebben we het dan over een groot gevoel van eigenwaarde? Nee. Over een gering gevoel van eigenwaarde dan? Beslist niet. Het gaat niet over eigenwaarde. Paulus weigert simpelweg om dat spelletje mee te spelen. Hij zegt: 'Het maakt me niet uit wat je van me vindt, maar het maakt me ook niet uit wat ik van mezelf vind' – en dat is het geheim.

Een echt Bijbels-nederig iemand is niet iemand die zichzelf haat of zichzelf liefheeft, maar iemand die Bijbels-nederig is. Een echt Bijbels-nederig iemand is iemand die niet aan zichzelf denkt en een ego heeft dat net zo werkt als zijn of haar tenen. Die tenen doen gewoon hun werk; dat ego doet gewoon zijn werk. Ze trekken geen aandacht.

Hier volgt een kleine test. Mensen die niet aan zichzelf denken, worden nooit bijzonder zwaar geraakt door kritiek. Ze zijn er niet kapot van, liggen er niet wakker van, ondervinden er geen hinder van. Waarom niet? Omdat mensen die kapot gaan aan kritiek, te veel waarde hechten aan wat andere mensen denken, aan de mening van anderen. De wereld om ons heen maakt mensen met een dunne huid en grote vatbaarheid voor kritiek wijs dat ze daar iets aan kunnen doen door te zeggen: 'Wat maakt het uit wat *zij* vinden? Het gaat erom wat ik vind. Wat maakt het uit wat de meute vindt? Ik lig er echt niet wakker van.' Mensen gaan kapot aan kritiek – of ze gaan er niet kapot aan, omdat ze er niet naar luisteren. Ze luisteren er niet naar en leren er ook niet van, omdat het ze niets kan schelen. Ze weten wie ze zijn en wat ze denken. Met andere woorden: onze enige oplossing voor een gering gevoel van eigenwaarde is trots. Maar dat is geen oplossing. Zowel een gering gevoel van eigenwaarde als trots zijn uiterst vervelende en storende dingen voor onszelf en voor iedereen om ons heen.

Iemand die niet aan zichzelf denkt, is compleet het tegenovergestelde. Mensen met een ego dat niet opgeblazen maar opgevuld is, gaan niet kapot aan kritiek.

Ze luisteren ernaar en zien het als een kans om te veranderen. Dat klinkt idealistisch? Hoe meer we van het evangelie begrijpen, hoe meer we willen veranderen. Vrienden, zou je niet graag iemand willen zijn die geen eer nodig heeft – en er ook niet bang voor is? Iemand die niet hunkert naar erkenning – en er aan de andere kant ook niet doodsbenauwd voor is? Zou je niet willen dat je iemand was die zichzelf in de spiegel ziet of in een etalageruit zonder zichzelf te bewonderen of ineen te krimpen? Zou je niet willen dat je iemand was die zich niet voortdurend inbeeldt hoe het is om alom bewierookte doelpunten te maken, die niet zit te dagdromen over succes en manieren om anderen te slim af te zijn? Of misschien heb je de neiging om jezelf op te jutten en word je gekweld door schuldgevoel. Zou je daar niet vrij van willen zijn? Zou je niet willen dat je een turner was die zilver wint en toch enthousiast is over die schitterende drievoudige Cassina-Kovacs-Kolman-sprong van degene die goud gewonnen heeft? Dat je die net zo mooi vindt als een zonsopkomst? Dat je het prachtig vindt dat ze gelukt zijn? Dat het er niet toe doet of jij succes hebt of iemand anders. Dat het niet uitmaakt of zij het deden of jijzelf. Dat je net zo blij bent dat het iemand anders is gelukt als wanneer het je zelf was gelukt – gewoon omdat het zo prachtig was.

Waarschijnlijk zul je zeggen dat je niemand kent die

zo is. Maar jij en ik hebben wel die mogelijkheid, als we de weg opgaan die Paulus ingeslagen is. Ik kan gaan genieten van dingen die niet over mij gaan. Mijn werk gaat niet over mij, mijn sportprestatie gaat niet over mij, mijn verliefdheid gaat niet over mij, mijn relatie gaat niet over mij. Ik kan oprecht genieten van dingen op zich. Ze zijn niet bedoeld voor mijn carrière. Ze gebeuren niet om mij in het stralende middelpunt te zetten op mijn opleiding of tijdens mijn sollicitatie. Ze zijn er niet om de leegheid op te vullen. Zou je dat niet willen? Dat staat niet op onze kaart. Dat is Bijbelse nederigheid, het heerlijke gevoel dat je niet meer aan jezelf hoeft te denken. Niet hoger van mezelf denken zoals in moderne culturen, of lager van mezelf zoals in traditionele culturen. Gewoon minder aan mezelf denken.

3

Hoe dat vernieuwde gevoel van eigenwaarde te verkrijgen is

Hoe kwam Paulus aan dat heerlijke gevoel dat je niet meer aan jezelf hoeft te denken? Dat vertelt hij ons – maar dan moeten we wel zorgvuldig kijken. Eerst zegt hij: 'Het maakt me niet uit wat jullie vinden; maar het maakt me ook niet uit wat ik vind.' Met andere woorden: hij richt zich niet op hen voor een oordeel en hij richt zich ook niet op zichzelf voor een oordeel. Vervolgens zegt hij: 'Ik ben me weliswaar van geen kwaad bewust, maar dat betekent niet dat mij niets ten laste kan worden gelegd.' Het woord dat vertaald is met 'niets ten laste leggen' komt van het woord voor 'rechtvaardigen'. Dat woord voor 'rechtvaardigen' gebruikt hij heel vaak in Romeinen en Galaten. Paulus zegt hier dat zijn geweten weliswaar zuiver is, maar dat hij daardoor niet *gerechtvaardigd* wordt.

Wat Paulus zoekt, wat Madonna zoekt, wat wij allemaal zoeken, is de *ultieme* rechterlijke uitspraak dat we belangrijk en waardevol zijn. Wij zijn elke dag, in alle situaties en bij alle mensen om ons heen op zoek naar dat oordeel. En dat betekent dat wij dag in dag uit voor de rechter staan. Iedere dag opnieuw betreden we de rechtszaal. Maar zie je dat het Paulus niet uitmaakt wat de Korintiërs van hem denken of wat welke menselijke instelling ook van hem denkt? Het is opvallend dat hij het heeft over een rechtscollege – de Korintiërs zijn tenslotte geen gerechtelijke instelling. Hij bedoelt het overdrachtelijk, denk ik. En hij zegt dat het probleem met ons gevoel van eigenwaarde – of het nu groot of gering is – erin schuilt dat we dag in dag uit in de rechtszaal zitten. Dag in dag uit staan we voor de rechter. Zo werkt de identiteit van iedereen. In de rechtszaal heb je aanklagers en advocaten. En alles wat we doen is bewijs verzamelen voor de aanklagers of juist voor de advocaten. De ene dag hebben we het gevoel dat we de rechtszaak aan het winnen zijn en de andere dag hebben het gevoel dat we die verliezen. Maar Paulus zegt dat hij het geheim gevonden heeft. Voor hem is de rechtszaak voorbij. Hij zit niet meer in de rechtszaal. Het is voorbij. Het is over. Omdat de *ultieme* uitspraak gedaan is.

Hoe kan dat nu? Paulus stelt het heel eenvoudig. Hij weet dat zij hem niet kunnen rechtvaardigen. Hij weet dat hij zichzelf niet kan rechtvaardigen. En wat zegt hij? Hij zegt dat het *de Heer* is die hem beoordeelt. Alleen *zijn* mening telt.

Besef je dat alleen in het evangelie van Jezus Christus de uitspraak voorafgaat aan de daad? De atheïst zal zeggen dat je een goed zelfbeeld krijgt door een goed mens te zijn. Hij probeert een goed mens te zijn en hij hoopt dat de uitspraak zal luiden dat hij een goed mens geweest is. De uitspraak wordt bepaald door wat je doet. Ook voor de boeddhist wordt de uitspraak bepaald door wat je doet. En voor moslims geldt hetzelfde. Dat alles betekent dat je iedere dag in de rechtszaal bent, iedere dag voor de rechter staat. Dat is het probleem. Maar Paulus zegt dat in het christelijk geloof het omgekeerde geldt: *de uitspraak bepaalt* wat je doet. De uitspraak *wordt niet bepaald* door wat je doet! In het christelijk geloof zegt God, zodra wij geloven: 'Dit is mijn geliefde zoon, in hem vind ik vreugde.'[4] Of neem Romeinen 8:1, waar staat: 'Dus wie in Christus Jezus zijn, worden niet meer veroordeeld.' In het christelijk geloof rekent God zodra wij geloven, al het volmaakte wat Christus gedaan heeft aan ons toe alsof wij het zelf gedaan hadden, en neemt hij ons aan als zijn kinderen. Met andere woorden: God kan inderdaad tegen ons zeggen wat hij eens tegen Christus heeft gezegd: 'Jij bent mijn geliefde Zoon, in jou vind ik vreugde.'[5]

Zie je dat? De rechter heeft al uitspraak gedaan. En alles wat ik doe is gebaseerd op die uitspraak. Omdat hij mij liefheeft en hij mij aanvaardt, hoef ik geen dingen te doen met het oog op mijn carrière. Ik hoef geen dingen te doen om in het stralende middelpunt te komen. Ik kan dingen doen omdat ik er plezier in heb. Ik kan mensen helpen om mensen te helpen – niet om er zelf beter van te worden, niet om de leegheid op te vullen.

Met elke andere vorm van identiteit en elke andere 'onderscheiding' of eervolle vermelding waarmee we onszelf zouden kunnen belonen, gaat het altijd om een uitspraak die wordt bepaald door wat je doet. Misschien geeft het een veilig gevoel wanneer we onszelf kunnen bestempelen als een goed iemand, een vrij iemand, een religieus iemand, een moreel iemand. Hoe dan ook, het komt altijd op hetzelfde neer: de uitspraak wordt bepaald door wat je doet. Maar de definitieve uitspraak komt er nooit. Madonna zei het al, en zij kan het weten. Madonna heeft dingen gedaan die jij en ik nooit zullen doen – en nog is het niet genoeg. Madonna heeft bergen talent, ze heeft ontzettend veel lef. Maar zelfs Madonna zegt dat ze de ultieme uitspraak waarnaar ze op zoek is, nog steeds niet gekregen heeft, ondanks alles wat ze heeft gedaan. Wat je doet levert nooit de ultieme uitspraak op.

Maar in het christelijk geloof kan de uitspraak bepalen wat je doet. Ja, de uitspraak kan bepalen wat je doet. Hoe kan dat? Hier is Paulus' antwoord: hij zit niet meer in de rechtszaal, hij staat niet meer voor de rechter. En hoe kan *dat*? Jezus is de rechtszaal binnengegaan. Hij heeft voor de rechter gestaan. Het was een oneerlijk proces voor een onwettige rechtbank – maar hij klaagde niet. Hij hield zich stil, als een lam bij zijn scheerders. Hij werd vernederd, geslagen, ter dood gebracht. Waarom? Om onze plaats in te nemen. Hij nam de veroordeling op zich die wij verdienen; hij onderging het proces dat wij hadden moeten ondergaan, zodat wij nooit meer voor de rechter hoeven te komen. Dus ik hoef God alleen maar te vragen of hij mij wil aanvaarden om wat de Heer Jezus gedaan heeft. Dan kijkt de enige van wie de mening telt naar mij en hij vindt me kostbaarder dan alle juwelen op aarde.

Waarom maken we ons dan nog druk over afwijzing? Waarom maken we ons dan nog druk over miskenning? Waarom maakt het ons dan nog uit hoe we eruitzien in de spiegel?

Laat me iets zeggen tegen degene voor wie dit helemaal nieuw is. Misschien zou je willen dat je het kon geloven. Dan wil ik je graag dit zeggen – sommige mensen hebben nog nooit begrepen wat het verschil is tussen christelijke identiteit en elke andere vorm van identiteit. Misschien noemen ze zich christen, vinden ze dat ze het heel goed doen, gaan ze naar de kerk en hopen ze dat God hen op een dag thuis brengt. Ik zal je zeggen dat echte christelijke identiteit totaal anders werkt dan elke andere vorm van identiteit. Door niet meer aan jezelf te denken, kom je *buiten* de rechtszaal terecht. Je komt nooit meer voor de rechter. De uitspraak is gedaan. Misschien is dat iets nieuws voor je. Blijf zoeken. Blijf graven. Blijf vragen stellen. Er is heel veel te ontdekken. Ik heb in kort bestek een heel breed terrein beschreven. Er zijn nog heel wat puzzelstukjes die op hun plek moeten worden gelegd – waarom moest Jezus sterven? Waarom stond hij op uit de dood? Was hij echt de Zoon van God? Blijf zoeken, totdat je het hele plaatje begrijpt.

Maar misschien zit je wel in een heel andere situatie – je gelooft het evangelie, misschien al jaren lang. Maar... het is een groot 'maar'... iedere dag word je opnieuw de rechtszaal in gesleurd. Je hebt niet het gevoel dat je leeft zoals Paulus zegt. Je wordt steeds opnieuw teruggesleurd. Alles wat ik je kan zeggen is dat we het evangelie steeds opnieuw moeten beleven, iedere keer dat we bidden. We moeten het steeds opnieuw beleven, iedere keer dat we naar de kerk gaan. We moeten het evangelie ter plekke opnieuw beleven en onszelf afvragen wat we in die rechtszaal doen. We horen daar helemaal niet. De zitting is beëindigd.

Met Paulus kunnen we zeggen: 'Het maakt me niet uit wat jullie vinden. Het maakt me niet eens uit wat ik vind. Het maakt me alleen uit wat de Heer vindt.' En de Heer heeft gezegd: 'Dus wie in Christus Jezus zijn, worden niet meer veroordeeld', en: 'Jij bent mijn geliefde kind, in jou vind ik vreugde.'[6] Leef daaruit.

Gedachten en vragen om over na te denken

– Als het christelijk geloof nieuw voor je is, waarom zou je het evangelie volgens Marcus dan niet eens lezen en God vragen om je de waarheid over Jezus te laten zien – vooral over zijn dood aan het kruis. Als je christenen kent, kun je hun misschien vragen om er iets over te vertellen.

– Je kunt de woorden van Psalm 139 gebruiken als gebed. Vraag God of hij je wil laten zien hoe het zit met je hart. Vraag hem of hij je wil laten zien waaraan jij je eigenwaarde ontleent en hoe je je identiteit probeert te vinden.

Doorgrond mij, God, en ken mijn hart,
peil mij, weet wat mij kwelt,
zie of ik geen verkeerde weg ga,
en leid mij over de weg die eeuwig is.
(Ps. 139:23-24).

– Kun je aan een ander uitleggen hoe het evangelie

onze identiteit kan (en moet) vernieuwen? Hoeveel ervaar jij van die vernieuwde identiteit?

- Op welke manieren ben jij aangemoedigd of uitgedaagd door Gods woord? Ga dat al biddend na.

- Bid dat God je geeft wat je nodig hebt om werk te kunnen maken van echte Bijbelse nederigheid en bevrijd te worden van ik-gerichtheid.

Noten

1. Lauren Slater, 'The Trouble with Self-Esteem', in: *New York Times Magazine*, 3 februari 2002.
2. Søren Kierkegaard, *De ziekte tot de dood*. Amsterdam: Boom, 2008.
3. C.S. Lewis, *Onversneden christendom*. Kampen: Kok, vierde druk 2003, blz. 125.
4. Zie Matteüs 3:17.
5. Marcus 1:11.
6. Romeinen 8:1 en zie Marcus 1:11.

Eerder verscheen van Tim Keller:

In alle redelijkheid

Christelijk geloof voor welwillende sceptici

Hoe kan een goede God het lijden toestaan?
Waarom zijn er in naam van God zoveel oorlogen gevoerd?
Hoe kan één godsdienst de ware zijn?
Waarom stuurt een God van Liefde mensen naar de hel?

Jarenlang heeft Tim Keller een lijstje bijgehouden met meest geuite 'twijfels' die sceptici meebrachten naar zijn Redeemer Presbyterian Church in hartje New York. In *In alle redelijkheid* ontmantelt hij ze één voor één en legt hij uit dat geloven in een christelijke God volkomen integer kan zijn.

'Dit boek geef ik aan alle zoekers en sceptici onder mijn vrienden.' (Rick Warren, auteur van *Doelgericht leven*)

'In de vloedgolf aan bestsellers van sceptici en atheïsten die een niet-bestaande God beschuldigen van misdaden tegen de menselijkheid, staat Tim Keller overeind als een effectieve tegenstem en verdediger van het geloof.' (*The Washington Post*)

'Het is een knap geschreven boek dat indruk maakt. Het zou een grote rol kunnen spelen in de wijdvertakte Bijbelstudie-, kleine groepen- en andere-kringencultuur van dit moment. Maar ook daarbuiten: in persoonlijke studie bijvoorbeeld, in het onderwijs en voor groepen van iets oudere kerkelijke catechisanten.' (Peter Bergwerff in het *Nederlands Dagblad*)

Tim Keller is stichter en predikant van de *Redeemer Presbyterian Church* in New York City. *In alle redelijkheid* stond acht weken op de gezaghebbende bestsellerslijst van de *New York Times*.

Paperback, 304 blz., ISBN 978 90 5194 338 2

Tim Keller

De vrijgevige God

Recht naar het hart van het christelijk geloof

'De bedoeling van dit boek is de essentie van de christelijke boodschap in beeld te brengen, het evangelie.'
Zo begint *De vrijgevige God*. Keller richt zich zowel op hen die op zoek zijn als op hen die al hun leven lang naar de kerk gaan, en geen inleiding op het evangelie denken nodig te hebben. Hij behandelt de bekendste gelijkenis van Jezus, die van de verloren zoon uit Lucas 15.
In die gelijkenis laat Jezus zien hoe groot Gods vrijgevige genade is voor ongelovigen en gelovigen. Keller beschrijft hoe er twee soorten 'verloren' mensen zijn, niet één soort. De oudste zoon in de gelijkenis is niet minder verloren dan de jongste.

'De definitie van zonde is voor bijna iedereen: het breken van een aantal regels. Maar Jezus laat zien dat een man met bijna niets op zijn morele kerfstok toch precies zo geestelijk verloren kan zijn als de meest lichtzinnige en immorele mensen. Waarom? Omdat zonde niet maar het breken van regels is. Het is jezelf in plaats van God stellen als Verlosser, Heer en Rechter (zoals elk van beide zonen het gezag van de vader in zijn eigen leven probeerde uit te schakelen).'

Paperback, 112 blz., ISBN 978 90 5194 354 2

Tim Keller

Namaakgoden

De lege beloften van geld, seks en macht, en de enige werkelijke hoop

Elke cultuur wordt door zijn eigen verzameling afgoden beheerst. Schoonheid, macht, geld en prestatie hebben in onze samenleving mythische proporties aangenomen, en velen 'offeren' hun leven lang aan deze goden. Omwille van carrière en salaris worden gezin en gemeenschap verwaarloosd. Jonge vrouwen lijden aan depressies of eetproblemen als gevolg van obsessieve aandacht voor hun uiterlijk. Door de recente economische crisis is de 'graaicultuur' die onze economieën beheerst genadeloos aan het licht gekomen. Geld is een geestelijke verslaving geworden. Hoe heeft het zo ver kunnen komen?

Het antwoord van de Bijbel luidt dat het menselijk hart een 'afgodenfabriek' is. Door een mensenhart kunnen op zich goede dingen worden veranderd en vergoddelijkt, en gemaakt tot het centrum van het leven. De meeste mensen weten dat je van geld en van seks een afgod kunt maken. Maar *alles* in het leven kan als een afgod functioneren, als een alternatief voor God, een namaakgod.
En namaakgoden kunnen je zo beheersen dat zonder hen je leven geen betekenis meer heeft.
De weg uit deze wanhoop, loopt via het onderscheiden van de afgoden van ons hart en van onze cultuur. Maar dat is niet genoeg. De enige manier om van de destructieve invloed van namaakgoden los te komen is terugkeer naar de enige ware. De levende God, die, als je hem vindt, werkelijk je leven vervullen kan.

In *Namaakgoden* bevestigt Tim Keller met een krachtige boodschap zijn reputatie als kritisch denker en pastor. Het boek komt op een cruciaal moment – voor zowel de gelovigen als de sceptici.

Paperback, 184 blz., ISBN 978 90 5194 383 2

Tim Keller

Ruim baan voor gerechtigheid

Rechtvaardig worden door Gods genade

Sociale gerechtigheid is een schone zaak, of ten minste een prachtig ideaal. Daar is iedereen het over eens. Maar is het iets waar christenen zich speciaal voor moeten inzetten? En ook christenen die de oude, orthodoxe leer van kruis en verzoening en rechtvaardiging uit het geloof hooghouden? Nou en of; en *juist* zij, betoogt Tim Keller in dit nieuwe boek.

Het is misschien wel zijn meest indringende en ingrijpende boodschap tot nu toe. Des te opvallender is het talent van Keller om ook in het vuur van zijn pleidooi voor kerk- en wereldverbetering altijd de eisen van evenwichtigheid, ruimhartigheid en respect voor alle mensen, meningen en richtingen in het oog te houden.

Paperback, 240 blz., ISBN 978 90 5194 411 2

Tim Keller

Kruistocht

Het leven van koning Jezus

Het verhaal van Jezus is in de loop van de geschiedenis al op honderden verschillende manieren verteld. Moet daar nog wel iets aan toegevoegd worden? Keller schrijft in zijn inleiding hierover:

In deze schijnbaar eindeloze stroom van woorden en ideeën over Jezus leg ik nu voorzichtig ook dit boek. Het is een uitvoerige overdenking van het historische christelijke uitgangspunt dat het leven, de dood en de opstanding van Jezus het centrale gebeuren in de geschiedenis van mens en kosmos vormen en tegelijk het voornaamste ordeningsprincipe van ons eigen leven. Anders gezegd: het helderste inzicht in het verhaal over de wereld – en hoe wij daarin passen – krijg je door het verhaal over Jezus rechtstreeks en nauwkeurig in het oog te vatten. Mijn streven is hier om in zijn woorden en daden te laten zien hoe prachtig zijn leven zin geeft aan het onze.

Net als in zijn andere aansprekende boeken spreekt Keller zowel de zoekers als de gelovigen aan. Hij geeft in *Kruistocht* een nieuw perspectief op het leven van Jezus Christus in een verhaal dat elke lezer zal bijblijven.

Paperback, 272 blz., ISBN 9789051944242

Tim Keller

Het huwelijk

Gods wijsheid over gevende liefde

'Ik word moe van al die sentimentele verhalen over het huwelijk. Op bruiloften, in de kerk en op de zondagsschool hoor ik verhalen die de diepgang hebben van een wenskaart. Het huwelijk is een hele hoop dingen, maar het is *allesbehalve* sentimenteel. Het huwelijk is heerlijk, maar ook moeilijk. Het is vol vurige vreugde en kracht, maar ook vol bloed, zweet en tranen, vol inzichtgevende nederlagen en uitputtende overwinningen. Ik ken geen enkel huwelijk van meer dan een paar weken oud dat getypeerd kan worden als een sprookje.

Het is dan ook niet zo gek dat Efeze 5:32, *Dit mysterie is groot…*, het enige vers is in Paulus' beroemde betoog over het huwelijk, waarmee de meeste stellen wel uit de voeten kunnen. Soms kruip je in bed, na een lange, zware dag waarop je elkaar probeerde te begrijpen, en kun je alleen nog maar verzuchten: "Wat een groot mysterie is dit!" Bij tijd en wijle lijkt je huwelijk net een onoplosbare puzzel, een doolhof waarin je verdwaald bent.

Dat alles geloof ik, en toch is er geen relatie tussen mensen die groter of belangrijker is dan het huwelijk. (…) Vandaar dat het, net zoals bij het kennen van God zelf, moeilijk en pijnlijk, maar toch ook waardevol en wonderlijk is om je man of vrouw te leren kennen en liefhebben.'
(uit Hoofdstuk 1 van dit boek)

Paperback, 308 blz., ISBN 9789051944402